AF248503

COUP-D'OEIL

SUR

LA SITUATION DE LA FRANCE

DANS L'ÉQUILIBRE EUROPÉEN.

DE L'IMPRIMERIE DE PILLET AINÉ,
Rue des Gr.-Augustins, 7.

COUP-D'OEIL

SUR

LA SITUATION DE LA FRANCE

DANS

L'ÉQUILIBRE EUROPÉEN.

Par le Comte Charles de Valori.

PARIS,

PILLET AÎNÉ, IMPR.-LIBR., 7, RUE DES GRANDS-AUGUSTINS;
DENTU, LIBRAIRE, AU PALAIS-ROYAL;
HIVERT, LIBRAIRE, 55, QUAI DES AUGUSTINS.

—

1845.

COUP-D'OEIL

SUR

LA SITUATION DE LA FRANCE

DANS L'ÉQUILIBRE EUROPÉEN.

———

Les événemens se succèdent avec tant de rapidité dans la sphère politique de l'Europe, que tout Français est naturellement inquiet des suites qu'ils peuvent amener.

Sans nous appesantir sur la conduite inqualifiable du ministère pour nos intérêts extérieurs, l'esprit national nous inspire un tableau succinct de la situation où nous a placés le système de 1830 vis-à-vis de l'étranger, étroite limite d'un *statu quo* favorable à tous les pays, excepté

au nôtre, dans le sens des intérêts internatio-
naux.

Esquissons notre état politique, et de ce tableau ressortira la nécessité, pour les démocrates, de s'unir à nous afin de restituer, s'il est
possible, sa force et sa prépondérance natu-
relles à ce beau pays de France, si glorieux,
si puissant autrefois.

Sous quelque forme que se déguise un Gouvernement, le fond du système n'est-il pas toujours monarchique ? S'il se démocratise par le
titre, il conserve, n'en doutons pas, une tendance
au despotisme.

Cette révolution de 89, qui a treize fois
changé de forme, a subi l'esclavage sous ses
Marat, ses Robespierre, de hideuse et sanglante
mémoire ! Etait-ce la liberté, ce règne appelé
celui des monstres, où l'égalité ne se trouvait
que sur l'échafaud ? Quelle monarchie en-
fanta jamais tant de despotisme et de cadavres ? Le Directoire, le Consulat, ont-ils donné

aux citoyens une liberté plus grande? Et l'Empire, salué avec tant d'enthousiasme par ce pauvre peuple victime de ses démagogues, n'a-t-il pas surpassé l'absolutisme des monarchies continentales?... Au moins, la main de fer qui contenait les factions au dedans pesait glorieusement sur les ennemis du dehors ; la gloire militaire, qui a souri de tous tems au peuple français, faisait oublier, par ses victoires, la tache d'illégitimité du géant de la Corse.

Que vous donniez à un Gouvernement un président, un consul, un représentant, un dictateur, il n'en existera pas moins la réalité du Gouvernement monarchique, cet antique fidéicommis des tentes patriarcales !

Pourquoi donc ne pas l'accepter dans toute sa vérité, avec sa force héréditaire? Formez des constitutions, mais ne portez pas la démence jusqu'à changer l'ordre de la succession ; car, ainsi que les grenouilles de la fable, vous aurez à gémir de votre inconstance.

Ce nouveau système qui s'est établi en 1830, n'a eu, comme les nouveaux parvenus, souci que de sa propre richesse, que de son existence ; il a sacrifié votre honneur, votre puissance pour se maintenir ; et vous, pauvre peuple, qui l'avez élevé, vous payez ses frais d'existence, si bien qu'il peut répéter ce que disait l'ancienne faction en parlant des honnêtes gens : *Désolons leur patience.*

Les passions de l'homme sont incompatibles avec l'égalité, car, pour entrevoir une république, il faut admettre la perfection de l'espèce humaine ; sinon, chacun cherchera toujours à empiéter sur son voisin ; de là, mille monarchies au lieu d'une dans un même pays.

Un homme qu'on ne taxera pas d'absolutisme, Jean-Jacques Rousseau, écrivait, dans son *Contrat social,* que les hommes d'alors étaient trop imparfaits pour se constituer en république : que dirait-il donc aujourd'hui, où nul frein n'enchaîne les mauvaises passions, où l'on ferme la barrière à la justice sociale, où l'on doute de celle de Dieu ! Prenez un livre sorti du cerveau d'un homme de mérite, mais d'un génie fiévreux ; lisez la *Démocratie* de Fourrier, vous trouverez d'admirables théories, des préceptes nobles et grands, pâles copies, cependant, des doctrines bibliques ; mais, quand vous arriverez à l'exécution, vous tomberez d'un homme de génie dans un visionnaire, d'un savant à un fou. C'est le gigot au nez de Mallebranche. Si la réalité répondait à l'énoncé, qui ne comprendrait avec enthousiasme le bien-être pour toutes les classes, pour tous les hommes? Hélas ! il y a du raisonnement à l'application la distance de Dieu à l'homme, distance infranchissable.

Il faut donc rechercher dans l'Etat monarchique héréditaire l'amélioration et la réforme nécessaires aux classes ouvrières ; désirons, non pas un Gouvernement despotique, ni un Gouvernement timoré comme celui de 1830, mais une monarchie qui, forte de son droit et de ses antécédens, débarrassée de l'égoïsme de son existence, de l'athéïsme de son avenir, puisse se faire respecter par sa dignité, et aimer par les soins qu'elle pourra mettre à améliorer la condition du peuple. Ainsi posée fortement au dehors et noblement au dedans, elle ne pourra répondre, lorsqu'on lui parlera de ses relations étrangères (1), « qu'elle est trop occupée des soucis de l'intérieur. »

Les gouvernemens de nécessité cherchent une base qui leur manque dans la popularité, déesse de circonstance ; ce sont des gouvernemens mixtes, *toujours précaires*, comme le dit Montesquieu, et qui amènent l'anarchie, sorte de course au clocher, où chacun cherche à devancer son voisin.

Un économiste démocrate admet que le peuple est heureux en Autriche, et pourtant ce

(1) Paroles de M. Guizot à la Chambre.

même écrivain voudrait lui voir secouer cet antique et paternel pouvoir. Est-ce prendre les intérêts du peuple? Est-ce désirer son bien? Mais qu'importe à l'écrivain propagandiste de tourmentes perpétuelles que ce principe démoralisateur qu'il prêche brise des milliers d'existences! Que lui importe, pourvu que sa fortune surgisse des décombres qu'il enfante! Qu'importe à un idéologue sans principes, à un utopiste sans foi que ses déclamations troublent le repos du peuple, nullifient le fruit de ses labeurs quotidiens, arrêtent l'industrie? Que lui importe si, en se jouant de la crédulité publique, il satisfait son orgueilleux égoïsme?

Les idéologues de tout pays ont renchéri sur les utopistes anciens et modernes, à une différence près. Les utopistes ont souligné quelques bonnes raisons des vieux jours, et les idéologues ont fait, sur ce premier thème, un marivaudage politique, sorte de doctrine sans positif, où les consciences se trouvent dans le vague des définitions. L'idéologie est le *bilinguis* des révolutions !

Aussi les démocrates de bonne foi, les gens sensés de ce parti, comprennent le danger, bien plus, l'inopportunité de ces tentatives.

Le gouvernement monarchique légitime a toujours soutenu, par la force de sa stabilité, les empires en décadence. Jetez les yeux sur l'Autriche? Combien de grands et terribles événemens ne sont-ils pas venus la battre en brèche ? Mais affermie par sa constitution, peut-être trop absolue à notre époque, il a fallu pour arrêter son essor (sans cela elle eût renouvelé l'empire de Charlemagne !) les armes de Soliman, le génie de Richelieu, l'ambition de Bonaparte.

Il y eut un moment où elle fut sur le point d'envahir, sous les ailes de son aigle, le corps germanique tout entier, alors que la France, sous la régence de Louis XV, fut dominée par le génie spéculateur de l'Angleterre, et représentée par un Dubois qui la faisait ramper honteusement en souffrant, comme de nos jours, les insolences de nos ennemis; mais un homme surgit qui vint courber la tête de l'aigle des Césars; le grand Frédéric parut sur la scène politique, et de son règne les provinces germaniques purent renaître: la forme de l'État autrichien a été sa force conservatrice; non que je désire ce Gouvernement complètement absolu qui la régit, mais ce même principe, modifié par les besoins actuels. Autant il est absurde de penser à la démocratie universelle, autant il est dangereux de songer à la monarchie absolue; ce système, le plus ancien, celui qui apporte peut-être le plus de sécurité, doit cependant subir l'influence des tems, de l'esprit et de la position politique de chaque peuple; plus une nation avance dans la marche de l'esprit humain, plus son orgueil repousse toute pensée de servitude : après trois grandes commotions, bien des élémens de l'unité gouvernementale sont dispersés !!! Il s'agit donc de modifier ce principe, bon en lui-même, mais tombé en désuétude, par des gages assurés sur les franchises nationales qui permettent d'apporter remède au défaut d'organisation des classes ouvrières, point essentiel à la prospérité de la France.

Quel profit ont tiré la Hollande et la Belgique de leurs tentatives républicaines, dans les tems reculés?... leur insurrection de 1648, leur d'Artevelle?... à être conquis dans tous les tems; envahis sous les Romains, soumis par Charles-Quint, esclaves sous Philippe II, ils furent vaincus par Louis XIV.

Cette république batave achetée par le meurtre de Jean de Witt, où les a-t-elle conduits? au point d'où ils étaient partis; rapide éclair qui ne surgit que pour s'éteindre. Ne faut-il pas que tout fleuve, après plus ou moins de circuit, retourne dans la mer ?

Considérons la position respective des différentes puissances.

La France, en 1830, avant qu'une seconde révolution ne fût venue bouleverser ses projets de grandeur, la France allait reprendre ses frontières rhénanes, et s'annexer la Belgique qui lui tendait les bras. Par la conquête d'Alger, Charles X entrevoyait notre domination sur tout le littoral africain de la Méditerranée, notre prépondérance sur l'Egypte, notre influence à Constantinople. Il découlait de cette situation que Gibraltar, neutralisé par l'établissement d'un fort français de l'autre côté du détroit, nous rendait maîtres de la Méditerranée ; facile à nous, dès ce moment, de reprendre Malte, ce dangereux point d'observation que nos ennemis conservent entre l'Orient et l'Occident.

De plus, Suez devenait pour la France une source intarissable de richesses.

Malgré les clameurs de l'Angleterre, ce plan pouvait être exécuté ; Alger n'avait-il pas été pris sous les menaces de ce Gouvernement? La Russie n'avait-elle pas à nous ménager pour l'accomplissement de ses projets sur Constantinople, contrebalancés pour nous par le protectorat sur la Syrie. Bien plus, ne devait-elle pas gagner à cet affaiblissement de l'Angleterre, qui aurait porté un coup mortel aux possessions de ce peuple dans l'Inde? L'Autriche ayant à se tenir en alerte sous l'œil convoiteur de la Prusse, contre les efforts révolutionnaires de la Jeune-Italie, l'Autriche n'aurait pu y apporter de graves empêchemens.

1830 changea l'optique de tous ces projets; aussitôt les vieux et récens souvenirs de notre gloire furent effacés, nos nobles desseins répudiés, la France devint la vassale de l'Angleterre dans un moment où cette puissance ne pouvait sérieusement entrer en lutte avec nous; l'honneur de notre pays fut escompté au prix d'un *statu quo* honteux; si quelques coups de canon retentirent, ce fut pour protéger, avec le bon plaisir de l'Angleterre, la révolution belge: Autre chose arriva au moment d'exécuter envers la Pologne les promesses qu'on lui avait faites, le Gouvernement de juillet recula devant les forces d'un ennemi tel que la Russie; ce fut de la part de nos gouvernans un lâche abandon !..... Dès ce moment apparut cette décision de la *paix à tout prix*, cette *cordiale entente* qui devait nous coûter si cher; nos droits, nos conquêtes, notre force, tout fut nullifié, et le cabinet de Saint-James put inviter le reste de l'Europe à la curée de notre nationalité; il posséda sans conteste un dixième du monde, s'avança plus encore et s'arrogea le droit de nous interdire toute intervention, tandis qu'il apportait la sienne partout où ses intérêts l'exigèrent. Nos Figaros politiques commencèrent cette jonglerie de paroles, avec laquelle ils pensaient voiler notre position et leur inertie; inertie, qui poussa l'Angleterre à nous demander une nouvelle humiliation dans ses exigences sur le droit de visite. Qu'êtes-vous devenus, vainqueurs de Stromboli, de Palerme, du cap Saint-Vincent?... Duquesne, Tourville? et vous, grand roi, qui saluiez de la hauteur de votre trône les gloires de la patrie?..... Grande époque où l'ennemi n'aurait pu visiter un vaisseau français que sur les cadavres de son équipage.

Que diraient-ils ces grands hommes, eux, sujets d'un roi qui aurait voulu s'*ensevelir sous les ruines de la monarchie?* que diraient-ils devant un système qui sacrifie tout à l'Angleterre, parce que son chef (1) lui est *attaché par goût et par inclination !...*

En 1834, nous étions déjà tombés si bas dans la balance européenne, la dignité de la France avait été tellement peu défendue, que, le 22 avril, à la conclusion du traité de la quadruple

(1) Paroles de Louis-Philippe dans une lettre citée dans l'*Histoire de Dix ans*, par Louis Blanc.

alliance, la signature de notre ambassadeur n'avait pas été demandée, injure qui, sous un Gouvernement plus patriotique, eût été payée par la guerre ; mais le fait de la non-présence de Talleyrand aux conférences n'est rien en comparaison de l'article additionnel ajouté sur la réclamation de ce ministre : « *Dans le cas où la coopération de la France serait jugée nécessaire par les hautes parties contractantes, le roi des Français s'engage, etc., etc.* » A quel degré de faiblesse ne faut-il pas qu'un Gouvernement soit descendu pour intervenir sur un pied semblable ? On n'avait pas consulté la France, mais on voulait bien lui promettre de l'employer si cela convenait à l'Angleterre. Infamie !

En effet, lors de la trève d'Evora, quand Charles V vint bravement se mettre à la tête de ses fidèles partisans, l'Angleterre, occupée de son influence en Portugal, se chargea de procurer des munitions aux Christinos et fit, du gouvernement français, son douanier ; ce furent

nos frontières des Pyrénées qui durent être sur-
veillées pour arrêter tous les secours envoyés au
roi Charles V.

Notre Gouvernement accepta donc un des
emplois subalternes que cette affaire demandait.
La Belgique avait été abandonnée, la Pologne
désavouée, l'Italie oubliée, si ce n'est pour
troubler nutilement un saint vieillard par l'envahissement d'Ancône : survinrent les démêlés
de l'Egypte avec la Porte, le Gouvernement
français avait promis son secours, l'Angleterre s'y opposa, et toute intervention fut re-
jetée!... La puissance la plus intéressée à tenir la
haute main dans cette affaire, la France, s'effaça
par le fait de son Gouvernement ; la Russie put
conseiller la Porte, l'Angleterre faire tonner le
canon de Beyrouth, sans que le Gouvernement
français s'en émût ; faiblesse inconcevable, sinon par l'instabilité d'un pouvoir sans base,
pusillanimité qu'en des tems moins apathiques
on aurait taxée de trahison!...

Notre prépondérance sur l'Orient fut neutralisée dès ce moment ; nous, la première puissance catholique, nous, les protecteurs nés des chrétiens du Levant, nous n'avons pu obtenir une satisfaction éclatante des persécutions qu'ils éprouvent journellement.

L'Angleterre nous tient en lisière ; nous ne pouvons avancer d'un pas sans qu'elle ne demande un désaveu ; l'impatience et l'indignation de notre marine, de notre armée, forcent-elles la main du Gouvernement à des velléités de gloire, qu'elles sont réprimées par la peur.

La nécessité d'occuper le Maroc, non-seulement pour l'avenir, mais pour la conservation de nos possessions d'Afrique, est neutralisée par les menaces de nos voisins ; notre gloire, notre honneur, nos intérêts, nos braves officiers, tout est sacrifié à l'Angleterre, au prix de la conservation de l'ordre de choses actuel, et d'un portefeuille pour les Dubois et les Sotin de notre époque. Quel profit a-t-on tiré de cette bataille

2

de l'Isly, remportée par l'élan et la valeur habituels de nos soldats ?

Quels sont les résultats du bombardement de Tanger ? Le courage de nos marins n'était-il pas connu ?

Le cabinet de Saint-James s'est mis entre nous et nos succès, notre Gouvernement courbant la tête accorde la paix au Maroc sans avantages réels pour nous ; les frais de la guerre ne nous sont pas remboursés, et l'on dit même que 12 millions, qu'Abderrahman était prêt à payer, n'ont point été exigés. On a transformé ces victoires en de vaines parades pour éblouir les Chambres, au moment où l'on rampe devant John Bull, au moment où l'on prépare des levées de dotations.

Telle est la position de la France, maintenant courbée sous le poids des impôts au dedans, couverte de confusion au dehors. Quand donc, fatiguée d'une situation aussi déplorable, la Chambre formulera-t-elle son opinion d'une manière énergique ? quand donc sentira-t-elle la nécessité de terminer ce système d'abnégation nationale qui pèse sur nous ?

La Russie, jusqu'à l'Empire, a suivi l'impulsion que Pierre-le-Grand et Catherine lui avaient donnée ; après s'être retirée en elle-même pour arrêter ses projets d'envahissement, les mûrir et les préparer, elle s'est essayée sous l'Empire ; aujourd'hui, seulement, elle commence à briser les limites de son influence, elle l'étend sur Constantinople, les Dardanelles et l'Archipel ; bientôt prenant son vol, elle devra n'être bornée que par l'Océan. Les projets de Pierre-le-Grand étaient de s'allier avec la France pour le partage du monde ; mais la Russie, séparée de nous par nos tendances révolutionnaires, s'est unie à l'Autriche et à l'Angleterre, malgré les intérêts anti-anglais qu'elle nourrit au delà du Caucase, afin d'étendre son ombre jusque sur nos frontières, par l'Archipel et l'Italie ; elle compte à l'est sur l'Autriche, au nord sur la Manche, au midi sur l'escadre anglaise, plus maîtresse que nous, sur le bassin français ; malgré le sentiment national qui surgirait alors, mais trop tard, elle espère nous refouler, lâchement vendus peut-être, par ceux qui nous mènent à cette catastrophe ; tel est le plan de la Russie, déjà maîtresse des provinces du Caucase, de la Bulgarie, de la Valachie et de la mer Noire.

Après nous être occupés de ses alliances, cherchons maintenant les causes qui devraient changer sa politique ou la neutraliser du moins, si nous prenions une position plus courageuse.

La Russie a-t-elle compté sur la résistance du corps germanique à un envahissement préjudiciable à ses intérêts, par l'extension de l'Autriche, son membre le plus puissant ; la Russie oublierait-elle la présence de la Prusse, que la France soutiendrait par l'Italie ? ne sait-elle pas que c'est à grand'peine qu'elle maintient la tranquillité sur son territoire, avec 600,000 hommes (1), occupés à maintenir les provinces du Caucase, les frontières turques, la Pologne!

Il faut donc en déduire que notre politique seule est l'obstacle entre l'alliance de la France et de la Russie, la pusillanimité du gouvernement le seul espoir de l'extension de ce peuple en Occident.

L'Angleterre, cette puissance génie de notre mal, est de toute l'Europe la plus astucieuse et la plus persévérante; timide quand il faut l'être, elle relève la tête avec insolence lorsqu'elle sent la faiblesse de ses voisins; murmurant de la prise d'Alger et parlant avec arrogance devant le bombardement de Tanger et Mogador; en 1830, notre armée eût soutenu sa conquête; à Tanger une faiblesse condamnable encourage les prétentions de nos adversaires; leur projet ne suit plus son cours dans l'ombre, ils l'avouent

(1) 200,000 hommes de réserve, 200,000 en Pologne, 400,000 aux frontières turques, 80,000 pour la marine, et le reste disséminé dans les autres provinces. (TARDIF.)

au grand jour, ils le jettent à la face de notre inertie ; ce qu'ils veulent, c'est nous rayer de la topographie politique, nous reléguer dans un rôle purement passif, honteux et impuissant. Parvenus temporairement à ce but, ils veulent le consolider en nous cernant de toutes parts ; d'un côté, ils flattent la Russie en ne l'inquiétant pas à Constantinople ; de l'autre, ils promettent assistance à l'Autriche contre notre escadre de la Méditerranée, en cas de conteste plus grave sur l'Italie ; c'est ainsi qu'ils conservent avec ces deux puissances un équilibre, qu'une contenance plus ferme de notre part renverserait bientôt. Ils ont profité de l'incurie de notre gouvernement, afin d'arrêter nos succès sur le Maroc, ayant intérêt à nous en éloigner pour l'approvisionnement de leurs vaisseaux dans ces parages, et la sécurité de leur fort de Gibraltar ; ils ont pris la haute main sur l'Egypte, comme débouché par Suez, de leur commerce dans l'Inde.

Après avoir obtenu le désaveu de nos braves défenseurs de Taïti , nous avoir effrayés de nos victoires , nous avoir fait payer les insultes d'un Pritchard , l'Angleterre nous demandera la réduction de notre marine. Que pourrons-nous alors , sans influence sur le continent , sans force en Orient? et c'est pour un système qui amène cet état de choses , que l'on a renversé le conquérant d'Alger , laissé mourir deux princes dans l'exil.

Pour en venir à ses fins, il fallait, pour l'Angleterre , que notre vigueur s'éteignît dans une guerre sans résultat, et depuis quatorze ans celle d'Afrique , sans cesse renaissante , est alimentée par les secours anglais ; sans doute l'émir, plus patriotique que nous , hélas ! a pu se dresser avec vigueur contre notre envahissement ; mais se serait-il maintenu aussi long-tems par ses propres moyens, le fait est reconnu impraticable.

Si la France se réveillait, il n'y aurait pas d'alliance possible avec l'Angleterre , dont la politique s'entrechoque en tous points avec la nôtre : nos chances de succès seraient l'état maladif de nos voisins ; l'intérieur de ce pays miné par les idées d'affranchissement, par le paupérisme et le poids de la dette, par la fermentation morale qui prépare une rénovation religieuse, par l'Irlande qui est là, terrible et menaçante sur le point de se séparer de la métropole, sous la conduite d'un grand homme ; l'Inde et le Canada, ces immenses possessions anglaises, ne palpitent-elles pas déjà ? Or, ces premiers mouvemens annoncent de grandes et prochaines convulsions.

Qu'elle ne cherche donc pas à nous insulter, cette fière Albion, car elle ne parle haut maintenant qu'afin de se cacher à elle-même la frayeur qui la mine. L'abaissement seul de notre cabinet fait sa force.

Que l'on donne l'essor à notre marine, qu'on ne fasse pas verser le sang de notre armée inutilement, et peut-être balancerons-nous encore la force de ceux qui se disent les rois de l'Océan.

Quant à l'Autriche, son but n'est pas l'espoir dominateur de la Russie, ni le calcul mercantile de l'Angleterre : l'Autriche a besoin de l'Angleterre pour s'affermir et s'étendre en Italie, de la Russie comme point d'appui contre la Prusse et la France, dont le contact l'a effrayée. C'est ainsi que, soutenue au Midi, elle sent diminuer ses inquiétudes sur le Milanais palpitant sous sa domination, et qu'elle espère son agrandissement sur le reste de l'Italie. L'est lui est d'un puissant secours pour mettre obstacle à l'avenir de la Prusse, pour réunir à l'empire tout le corps germanique ; seulement alors, d'après les projets légués à ses successeurs par le czar Pierre, la Russie et l'Autriche devront arrêter les progrès de l'Angleterre, la Russie par les Dardanelles, l'Autriche par l'Italie et la Hollande, ayant affaibli la France par l'Angleterre ; c'est ainsi qu'ils trouveront cette dernière puissance sans force par son isolement.

La réalisation des vues de la Prusse est plus probable et plus plausible; c'est le royaume qui possède la seule force monarchique inébranlable, c'est-à-dire un gouvernement militaire adapté aux besoins de l'époque, des lieux et des esprits. Depuis le peu de tems qu'elle existe, cette puissance a pris trop d'essor pour s'arrêter: elle tient l'Autriche en arrêt, et ces deux peuples semblent se mesurer pour en venir aux mains; la Prusse si vigoureuse de sa jeune sève, ne pourra-t-elle pas imposer sa greffe sur le vieux tronc de l'arbre germanique et le régénérer? La Prusse est le seul pays qui ait intérêt à gémir de notre malheureuse position, le seul gouvernement qui puisse sympathiser avec la régénération politique de notre pays. Si la France soutenait sa dignité, si le gouvernement français voyait et ce qui lui est dû et ce qu'il peut, il s'occuperait de l'Italie et donnerait ainsi à la maison d'Autriche une occupation au midi, qui allégerait les difficultés de la Prusse. Que ce royaume comble donc le déficit de ses finances, et rien n'arrêtera plus son essor.

L'Espagne et le Portugal sont sans projet , sans avenir comme sans gouvernement ; ils flottent entre les menées de l'Angleterre et le voisinage de la France ; ils sont dans un état de fermentation qui n'a amené que du sang et dont il ne sortira que du sang, tant qu'un gouvernement légitime ne viendra pas asseoir sa force sur des bases incontestables et solides , car le règne des femmes peut la faire tomber sous la conduite d'un souverain étranger. L'Europe n'a-t-elle pas à s'effrayer de la crainte que chaque succession n'amène la réunion de l'Espagne avec une autre puissance ?

Et la France n'a-t-elle pas tout à perdre, comme influence et comme position , à relever les Pyrénées , que Louis XIV avait abaissées par le traité d'Utrecht ?

D'un autre côté, en acceptant le trône d'Espagne , le duc d'Anjou a renoncé pour lui et les siens au trône de France, à la condition, acceptée par la France et l'Espagne , que ses descendans jouiraient de la loi salique ; or , dans sa peur, le gouvernement n'a pas vu qu'en détruisant cette loi dans la Péninsule , c'est donner le droit aux successeurs de Philippe V de réclamer, en cas d'extinction de la branche aînée des Bourbons, le trône de France, par droit de primogéniture.

L'intérêt de l'Espagne n'est pas de répudier la lignée de Philippe V.

Quant au Portugal , il doit souffrir comme l'Espagne , et , par les mêmes raisons , ces deux peuples ne peuvent espérer dans l'avenir que la vie qu'ils tiendront de la France, intéressée à annihiler le monopole du traité de commerce de 1703 , entre l'Angleterre et le Portugal (1). Leur tems est passé , l'Espagne est dégénérée et le Portugal n'est plus qu'un comptoir anglais.

(1) Voir *Considérations politiques et diplomatiques sur le commerce de la Péninsule*, par M. de Caix Saint-Aimour.

Que la France pleure donc sur ces deux décadences, elle qui en est la cause première, elle qui n'a pas su soutenir en 1834 l'œuvre de 1823.

L'Italie, morcelée en vingt états différens, est sans guide et sans boussole; il en découle sa nullité présente et la fermentation des idées révolutionnaires qui la sapent et l'envahissent de plus en plus; l'Italie cependant peut encore espérer de grandes destinées politiques et religieuses dès qu'elle reconnaîtra l'impuissance de son morcellement, et formera un corps compacte appuyé sur l'unité monarchique.

D'où viendra le génie qui doit doter l'Italie de cette unité protectrice? Ce n'est ni l'Autriche, malgré ses prétentions, ni Naples, royaume éteint; restent donc Rome et Turin. Rome, avec son caractère vénérable, voudra-t-elle envahir comme sous les Jules II et les Sixte?... Mais Rome verra s'étendre sa puissance spirituelle par le mouvement religieux qui gagne notre époque, malgré les impuissantes dénégations des utopistes universitaires ; elle se réjouira en Dieu du retour à la foi ; elle ne recevra plus la protection de Vienne, mais le concours amical de la métropole de l'Italie.

Plus on observe, plus on se fortifie dans l'idée que Turin peut être le point de départ de l'unité italienne. Par quels moyens le gouvernement sarde atteindrait-il le but de Philibert-Emmanuel ? par quel concours de circonstances ? par quel aide ? Ces quelques lignes ne sont pas destinées à répondre à ces questions ; je mentionne seulement ce fait, persuadé de sa possibilité.

La Sardaigne est en effet vis-à-vis de l'Italie, comme la Prusse vis-à-vis de l'Autriche ; comme la Prusse, la Sardaigne est vigoureuse et ardente, comme elle sagement administrée ; c'est par là que la France, dans d'autres conditions, pourrait appuyer l'unité italienne de sa protection naturelle.

Jetons donc maintenant un coup-d'œil rapide sur cet ensemble : nous voyons la France qui,

de puissance de premier ordre, est tombée à l'é-
tat inerte par l'incurie de son gouvernement ;
la Russie qui se lie avec l'Autriche, avec l'Angleterre pour faire surnager son influence et tout
envahir ; l'Angleterre qui se sert de l'engourdis-
sement de la France, où la fureur des portefeuil-
les écrase la nationalité, pour s'emparer de la
Méditerranée et de Suez, abattre notre commerce ; partant, notre influence européenne.

L'Autriche, qui convoite l'Italie et se fortifie
par ses alliances contre la France et la Prusse.

Rome et Turin, qui rêvent l'unité monarchique de l'Italie.

Enfin l'Espagne, qui râle de compagnie avec
le Portugal.

Quant à l'empire d'Orient, affaibli par son
isolement de la France, il tombe définitivement
en décadence au contact de l'Angleterre et de la
Russie.

Il était de la politique de notre pays de conserver cette prépondérance en Orient, et ce point avait été compris de tout tems par nos rois , qui l'établirent si forte qu'elle résista au tems et aux intérêts , puisque Selim II renouvela avec Charles IX (1) les traités faits avec François Ier.

- La France, maîtresse du commerce de la Méditerranée, vit ses comptoirs fourmiller en Orient, en Morée , dans l'Asie-Mineure , en Syrie et en Egypte. Nos frères chrétiens eurent alors de puissans protecteurs dans nos ambassadeurs et nos consuls, et le drapeau français était pour eux le serpent d'airain , ils n'avaient qu'à l'invoquer pour s'en faire une égide. Après la bataille de Lépante (2), l'influence française enleva les chrétiens prisonniers au massacre qui les attendait.

Henri IV, par son ambassadeur Savary de Brèves, entrava la politique d'Elisabeth, et le traité de 1604 assura à la France l'expulsion des

(1) 1569.
(2) 1571.

Anglais, des puissances barbaresques; en effet l'Angleterre s'unissait secrètement aux pirates de Tunis, de Maroc et d'Alger, pour nuire à notre commerce; tant il est vrai qu'à toute époque la politique occulte de ce peuple ne s'est pas démentie vis-à-vis de la France. Sous le ministère de Richelieu, l'alliance turque fut négligée, la nécessité en étant moins pressante par le frein que les protestans d'Allemagne apportaient à la maison d'Autriche.

Cette insouciance de Richelieu sur l'Orient, jointe à sa politique anti-aristocratique, prépara d'une part, sous Amurat IV, le nouvel envahissement de la Méditerranée par les corsaires, plus tard l'affaiblissement de la France.

Mazarin soutint cette malheureuse politique, mais alors nous pouvions mépriser le mauvais vouloir de la Porte; les Hocquincourt, les Tourville, les Duquesne, brûlant les vaisseaux pirates, amenaient le traité avantageux de 1665.

La conquête de la Hollande (1) effraya la Porte, les anciens traités se renouèrent. Sous Louis XIV, les consuls français eurent l'ordre de s'enquérir de tous les moyens à prendre dans les Echelles du Levant pour propager le commerce de la France et neutraliser celui des autres nations, surtout des Anglais; aussi nos provinces méridionales s'enrichirent-elles par cette manière d'agir.

Le grand nombre des missionnaires envoyés en Orient accrut notre influence, et la France n'eût pas souffert impunément, comme aujourd'hui, le massacre de nos frères du Liban. « On peut lire dans les *Lettres édifiantes*, dit M. Théophile Lavallée dans son beau travail sur la question d'Orient, les travaux apostoliques de ces hommes merveilleux, dont la charité et le courage ne connaissaient aucun danger, faisaient retentir le nom de la France et bénir son

(1) 1673.

souverain à la fois en Grèce, en Syrie, en Arménie, en Egypte, en Abyssinie, dans l'Inde, la Chine, le Japon. »

Que l'Université, pour attaquer le clergé, pour le contrebalancer dans l'opinion publique, que l'Université nous montre donc de pareils droits à la reconnaissance du pays!... Des preuves aussi incontestables de son patriotisme!

Le bombardement d'Alger, par Tourville (1), ne mit plus d'obstacle à la domination française sur la Méditerranée. Mais l'invasion de Kara-Mustapha sur Vienne (2) fit regretter à Louis XIV la paix de Nimègue (3); la neutralité du grand roi sauva l'Autriche.

La Sainte-Alliance (4) et la ligue d'Augs-

(1) 1684.
(2) 1683.
(3) 1678.
(4) 1685.

bourg (1) rompirent les rapports avec l'Orient ; sous Kimperli, cependant, les conseils de la France dirigèrent les troupes du Grand-Seigneur.

Le but de Louis XIV était, par la continuation de la guerre, de s'opposer à l'avènement du prince d'Orange sur le trône d'Angleterre, et faire restituer le Saint-Sépulcre aux catholiques.

La paix de Carlowitz (2) annonça la fin de l'empire ottoman et le commencement de la puissance moscovite.

Sous Dubois, ce premier ministre anglo-orléaniste, la paix de Passarowitz (3) nous déprécia définitivement dans le Levant.

Du premier traité de Vienne (4), entre Catherine et l'Autriche, date la perte des Ottomans ; Fleury voulut relever l'alliance avec l'Orient,

(1) 1688.
(2) 1699.
(3) 1718.
(4) 1725.

mais la Russie et l'empereur Charles VI arrivèrent au deuxième traité de Vienne (1) pour la paix de Belgrade (2) ; cependant la Turquie ne voulut traiter que par l'intervention de la France.

En dernier lieu, la capitulation de 1740, apportée à Paris par Mohamed-Saïd, nous remit enfin sur un bon pied avec la Porte.

Tel est l'aperçu de nos rapports avec l'Orient, alliance toujours reconnue nécessaire par la France comme gage de notre sécurité sur la Méditerranée.

Qu'a fait le gouvernement de 1830, qu'il ait pris pour plastron le nom de Molé, de Thiers, ou de Guizot? il a surpassé de ce côté l'incurie de Richelieu, la lâcheté de Dubois, la faiblesse de Fleury ; non pas qu'il ait d'autres moyens de conserver sa puissance ou par des diversions, ou

(1) 1735.
(2) 1739.

en faisant naître des difficultés entre l'Angleterre et la Russie; tout au contraire, il n'en élève ni n'en présume; mais, pour soutenir nos droits, il est sans énergie, il achète par notre honte le triste bonheur de s'enrichir à nos dépens. Comment n'a-t-il pas compris qu'il aurait fallu généreusement jouer son existence et nous sortir du labyrinthe où il nous a poussés? Non, il est aveugle, il ne sent pas que la force des choses peut amener ce qu'il redoute; que la France fatiguée du rôle infime qu'il lui impose se sentira oppressée par l'indignation, et demandera justice; il ne voit pas que ce moment serait d'autant plus terrible qu'on l'aurait long-tems attendu. Que l'on salue John Bull à deux mains, que l'on courbe la tête sous les fourches caudines des Peel et des Wellington, la France trop humiliée rajeunira sa vieille et légitime haine contre l'Angleterre!!!

Aux commotions que peut amener de nouveau la politique de 1830, devrait succéder inévitablement un état tout opposé, un système fort qui nous sortirait de la malheureuse position qui nous suicide depuis quatorze ans ; ce Gouvernement devrait suivre une politique hardie qui ne pourrait être ni anglaise, ni autrichienne, ni russe ; elle serait toute française, la France ayant, par le concours des nombreuses concessions de la politique actuelle, des intérêts opposés avec ces trois puissances.

Cependant, si la Russie et l'Autriche comprennent les pensées d'équilibre qui doivent maintenir l'Europe, elles s'uniront avec nous pour éviter le cataclysme d'une guerre universelle. Malgré l'abaissement où l'on veut la tenir, la France, par sa position, peut encore défier l'Europe et la vaincre, fortifiée par le désespoir d'un peuple trop long-tems humilié. Que pourrait l'Angleterre devant un gouvernement réellement français ? Que pourrait-elle ? Malgré les jactances de ses folliculaires, elle ne pourrait mettre en avant que de faibles forces, minée par

ses difficultés intérieures, et arrêtée par le secours que la France donnerait à la dissidence de
l'Irlande.

Excepté les Anglais, il est de l'intérêt des autres puissances que la France prenne assez d'extension pour contrebalancer l'Angleterre ; or,
nous ne pouvons reprendre le rang qui nous est
marqué que par notre prépondérance sur la
Méditerranée, notre passage sur Suez et notre
protection sur la Syrie. Encore dix ans de la politique qui nous régit, et la France ne pourra
plus s'opposer à l'envahissement de nos voisins
d'outre-Manche, l'équilibre de l'Occident sera
rompu, et nous verrons fondre sur l'Europe des
invasions semblables à celles des premiers âges.
Mais espérons que l'on sentira qu'il faut enfin
secouer la honte qui nous enlace de ses caute-
leux replis, et faire voir à l'Angleterre qu'elle a
trop présumé de ses forces, qu'elle est plus près
de sa fin que nous de notre décadence.

Oui, si un système plus hardi peut remplacer

la malheureuse politique de la paix à tout prix, nous pouvons être les seuls maîtres de la Méditerranée, de Suez, de la Syrie, et viendra le tems où notre marine primera celle de l'Angleterre, notre influence sur l'Italie viendra renverser le reste de ses espérances; alors, elle végétera et sera forcée de plier son arrogance devant la rénovation de notre pays; la Russie comprendra l'inviolabilité de l'Occident et débordera sur les possessions anglaises en Asie.

Mais cet avenir de la France, cet espoir de résurrection qu'elle doit nourrir, elle ne peut l'espérer sous un système qui la soumet à un peuple ennemi, sous un système étranger à ses véritables intérêts, sous un système qui préfère la déchéance de son pays et la stabilité de son pouvoir.

N'émoussons donc pas nos forces à combattre tel ou tel ministre : ce n'est pas dans ce détail qu'est le fond du mal; le ministre n'est que l'instrument qui exécute plus ou moins servile-

ment la politique du système ; que le sang français nous remonte donc au cœur ; souvenons-
nous des anciennes gloires de la patrie, qui l'ont
faite puissante, respectée, et qu'à cette vue, nos
yeux se tournent vers l'avenir !.....

FIN.

www.ingramcontent.com/pod-product-compliance
Lightning Source LLC
Chambersburg PA
CBHW061310050726
47594CB00004B/1643